lecturas modernas

NIVEL
1

Iván, el Terrible

Delia María De Césaris
Telma Guimarães Castro Andrade

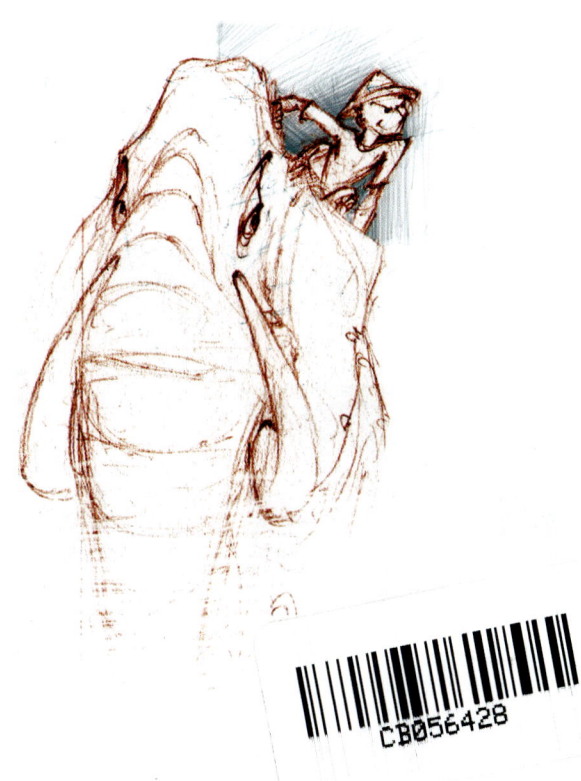

2.ª edición

Con R.O.

SANTILLANA
ESPAÑOL

Me llamo Julio. Mi vida está llena de aventuras. No hay día en que no esté creando alguna situación peligrosa. Los monstruos son mi compañía favorita. En verdad, ellos habitan en cada hombre y mujer, aunque no todas las personas lo sepan.

No se preocupen. No estoy loco. Solo soy un escritor.

Hay monstruos de muchas clases, como, por ejemplo, el miedo, la envidia o el odio. Nosotros, los escritores, les damos vida a aquellos monstruos interiores, para verlos mejor.

Hay quienes creen que soy valiente. Es posible que así sea. Pero, en todo caso, no siempre fui de esa manera. Un amigo veterinario, especialista en leones, me hizo saber lo que es realmente el coraje. Él era conocido como "Iván, el Terrible".

Su abuelo, también llamado Iván, era un renombrado cazador que participaba de safaris en África llenos de historias fantásticas sobre animales feroces. Se cuenta que derrotó un día, en lucha cuerpo a cuerpo, a un león.

Desde la más tierna niñez, Iván Valdés estaba fascinado por las vivencias de su abuelo. Pasaba horas escuchando sus relatos pero sentía que, a diferencia de él, tenía un gran defecto: era miedoso. Temía a los insectos, a los perros e inclusive a las personas... Solamente en la compañía del abuelo se animaba a dialogar un poco.

Al abuelo le preocupaba esta situación. No porque desease transformar a Iván en un cazador ni nada parecido, sino porque sus miedos le podrían impedir que desarrollase plenamente todo su potencial.

Cuando Iván tenía 6 años se celebró la boda de su hermana. Después de la ceremonia se ofreció un festín en la hacienda de un pariente de la familia.

Al terminar de comer, Iván eligió quedarse en la galería, en vez de ir a jugar con los otros niños. Pensaba que no entendería las reglas de los juegos, que haría el papel de tonto.

Iván decidió sentarse en una hamaca de jardín. De repente escuchó un sonido extraño que provenía de dentro de la casa. Era el ruido de un animal arañando la madera de la puerta principal. Iván comenzó a temblar. La puerta se abrió y apareció un inmenso san bernardo que le pareció un león.

Iván intentaba, sin éxito, hacer silencio para no ser notado por el animal, pero este se le acercaba más y más.

Desesperado e inmóvil, Iván comenzó a llorar y a gritar, mientras el perro ladraba y gruñía.

Alertado por los ruidos, apareció el abuelo, quien abrazó cariñosamente a su nieto, sujetando sin esfuerzo al san bernardo, que comenzó a mover la cola amigablemente.

Iván lloraba en los brazos tranquilos y fuertes de su abuelo sin decir una palabra.

—Cálmate, Iván.

Trabajosamente Iván consiguió hablar.

—Era solo Buster y yo tuve miedo de él. Tú lo ahuyentaste con un gesto, nada más.

Tomándose una pausa para respirar, continuó:

—¡Quiero darte orgullo y ser valiente como tú!

—Yo te amo, Iván. Y estoy muy orgulloso de ti. ¿Crees acaso que nunca tengo miedo?

—¿Sííí? —preguntó Iván, sorprendido y aún un poco asustado.

—¡Claro que sí! Buster ladró porque comenzaste a llorar y a gritar. Él también tuvo miedo. Tal vez pensó que ibas a atacarlo.

—¿Eso crees, abuelo?

—¡Pero seguro! Como me quedé tranquilo, eso le dio confianza. Vio que no estaba en peligro y se calmó.

—¿Entonces, si finjo ser valiente estaré protegido?

—Bueno, más o menos...

En ese instante, llegaron otros parientes que interrumpieron la conversación. Iván nunca se olvidaría de las palabras de su abuelo.

Pocas semanas después, su abuelo sufrió un grave accidente y murió, justamente coincidiendo con el comienzo de la vida escolar del pequeño Iván.

Estos eventos hicieron que necesitara reunir todas sus fuerzas para superar su miedo al mundo. No sabía que terminaría creando un gran enredo para sí mismo.

Cuando lo conocí, Iván se había hecho reputación de valiente. Contaba las aventuras de su abuelo como si hubiera participado de ellas. Narraba sus historias con tanta seguridad y talento, que parecía que había estado allí, en África, pasando sus vacaciones con tribus nativas y viajando sobre el lomo de un gran elefante.

Persuadía a cualquiera, de tan convincente que era.

Bueno… a casi todos, porque algunos a veces dudábamos de sus historias. De cualquier forma, él era querido por ser un muy buen compañero, aunque algunos sospechábamos que no siempre decía la verdad.

A veces exclamaba:

—… ¡Conmigo nadie se mete! ¡Soy Iván, el Terrible! ¡Si quiero le arranco las uñas a un león!

Iván era mi mejor amigo. Estudiábamos juntos. Yo era de esos que no creían totalmente en sus hazañas, pero mi pasión por el heroísmo y el peligro me llevaba a estar lo más posible en su compañía. Aun desconfiando de la verdad de aquellas aventuras, las grandes emociones que compartíamos sí lo eran.

Yo siempre fui algo tímido, vivía en mis libros y en mi imaginación. No era muy popular, pero tampoco tenía enemistades. Mi grupo de amigos era pequeño y muy unido. Mi vida era tranquila. Pero, en cierta ocasión, decidí desafiar la valentía de Iván. Y la mía.

El calor era intenso, casi insoportable. Era el último día de vacaciones y el anterior al inicio de mi educación secundaria. Esa tarde, como en pocas y raras veces, jugué un partido de fútbol con unos amigos.

Volví a casa. No había nadie, mi madre estaba trabajando. Ella y mi padre se habían divorciado. Yo solo lo veía una vez por semana. Era como reencontrarnos siempre pero nunca sentirnos juntos. Todavía me estaba adaptando.

Un único medio servía de constante comunicación entre mi madre y yo: notas pegadas en la nevera. Allí quedaban escritas sus órdenes, sus enojos y mis pedidos. Si cuando ella llegaba yo estaba despierto, discutíamos asuntos pendientes y, si no nos ganaba el cansancio, dialogábamos un poco. Yo sinceramente la quería y admiraba, por lo que la ayudaba cuando podía, aunque, ya adolescente, tenía mis ataques de rebeldía. Uno de ellos ya era repetido y causa de la nota de esa tarde:

Julio,
Mañana empiezan las clases y tengo la impresión de que en el lío de tu cuarto no vas a encontrar nada de lo que te hace falta.
¿Qué tal acomodar un poco antes de que yo vuelva?
Mamá

Tomé la merienda y fui a mi cuarto. Cuando abrí la puerta cayó sobre mis hombros un peso similar al que sentían los guerreros de la antigüedad ante una batalla interminable.

Para refrescar el ambiente abrí la ventana y, mientras corría la cortina, vi estacionar una camioneta en la casa de enfrente. El padre y el hermano mayor de Iván volvían de su expedición anual de pesca. Mientras retiraban el equipaje del vehículo, Iván y su mamá corrieron para saludarlos.

—¡Hola, papi, te extrañé mucho! —exclamó Iván.

—¡Cómo se han bronceado! —dijo la madre, en voz tan alta que la escuchó todo el vecindario.

Llevaron algunas valijas para dentro de la casa e, inmediatamente después, tomaron las que faltaban y las entraron.

—¡Picaron como nunca! —anunció el padre con orgullo—. Echen un vistazo al interior de la cajas de telgopor.

—¡Dios mío! ¡Cuanto trabajo vas a tener! —dijo la madre.

—¿¡Cómo!?

—¿No te acuerdas de lo que te dije el año pasado? Mi parte es solo fritar. Pescar y limpiar les toca a ustedes...

Me retiré de la ventana y empecé a acomodar las cosas. Había objetos desparramados por toda la habitación, de pared a pared.

Doblé ropa, puse los CD en sus cajas, coloqué libros en la biblioteca, pero como me lo esperaba la tarea parecía nunca terminar. Entonces, llegó el momento más peligroso de toda ocasión en que se limpia la propia habitación después de metódica suciedad: comencé a encontrar objetos perdidos y, junto a cada uno, recuperaba recuerdos. Y esto hacía el trabajo cada vez más lento.

Un viejo juego de palitos chinos me llevó a la última Navidad que papá, mamá y yo pasamos juntos. Desde entonces fue Navidad con uno y Año Nuevo con otro.

De la nada, apareció un grabador ennegrecido por el polvo y el descuido. Yo lo había utilizado hacía unos años para solucionar un pequeño inconveniente doméstico. Cuando mi madre decía "dudo que tu padre te permita hacer esto o aquello", yo presentaba la prueba de la respuesta de mi padre en un casete con prácticamente una autorización implícita: "Pregúntale a tu madre".

Usé ese truco unas 5 o 6 veces. Fue una pequeña fase; el grabador, en poco tiempo, fue abandonado.

Guardé aquel aparato con cuidado, imaginando que podría ser útil de alguna forma. Con ya pocas energías, terminé de acomodar. Mi madre pronto llegó y cenamos juntos.

Al día siguiente muy temprano, Iván y yo tomamos el ómnibus escolar. Encontramos allí a Héctor, Carmen y Maribel, compañeros de curso con quienes compartíamos trabajos y paseos.

—Iván, ¿muchas aventuras en estas vacaciones? —preguntó algo intrigada Maribel.

—No. Todo fue muy tranquilo. Pero solo por culpa de mi padre. Si él me hubiera permitido ir a pescar, yo hubiera pescado más que cualquier otro. ¡Ustedes verían! —se envalentonó Iván.

—¿Y por qué no te llevó? ¿Será porque cree que vas a matar a todos los yacarés y que serías arrestado por crimen ecológico? —se burló Héctor.

—¡Nada de eso! Él no quiere dejar a mi mamá sola. Sabes que no le tengo miedo a nada. Si mi abuelo estuviera aquí él les contaría como yo…

Y así comenzó a contar una más de sus historias.

En esa ocasión creí realmente que el padre de Iván no quería llevarlo. La verdad era un poco diferente. ¡Iván, el Terrible, no quiso ir…!

Unos días después, Iván y yo, volviendo de la biblioteca, pasamos enfrente de una casa que tenía el portón abierto. De pronto, un enorme *bulldog* empezó a avanzar hacia nosotros, gruñendo. Salí corriendo como un loco. Pero Iván se quedó congelado y pálido, mirándome con los ojos en blanco. La dueña de la casa consiguió detener al animal antes de que se acercase demasiado. Pasado "el peligro", mi "terrible" amigo creyó que si se hacía el valiente me podría engañar. Y eso fue lo que intentó.

Como despertando de un transe dijo:
—¿Le tuviste miedo a ese perrito? ¡Qué vergüenza!
—Me gustaría saber qué hubiera ocurrido si la dueña de casa no hubiera aparecido —dije.

—Él solo nos amenazó porque tuviste miedo y…

Realmente, ese día, Iván me irritó, pero no quise discutir. Pensé que la cuestión iba a terminar allí.

Al día siguiente, en el ómnibus escolar, Iván contó su versión de los eventos del día anterior a nuestros amigos.

—… y entonces lo vi a Julio disparando como un cohete. ¡Casi me morí de risa cuando noté que estaba huyendo de un perro!

—¡Pero quién empalideció de miedo fuiste tú! —retruqué, ofendido.

—¿¡Empalidecí!? Solo si viste tu reflejo. Parecías una hoja de papel. ¿Realmente crees que Iván, el Terrible, le tendría miedo a un simple animal?

Este episodio me hizo desconfiar mucho. Para decir la verdad, quedé muy sensibilizado y decidí desafiar a Iván.

La profesora de Ciencias Sociales nos solicitó que entrevistáramos a diferentes profesionales para descubrir si estaban satisfechos con sus carreras y decisiones. El profesor de Matemáticas también aprovecharía los datos para trabajar sobre porcentajes y salarios.

El plazo para presentar el informe era de diez días y podía ser realizado en grupo. Iván, Héctor, Carmen, Maribel y yo en poco tiempo pusimos las manos en la masa.

—Podemos entrevistar a mi padre. Él es médico —dije.

—Mi papá es profesor y mi mamá es nutricionista —nos comunicó Maribel.

—Me gustaría entrevistar a mi abuelo —comentó Iván, pensativo.

—¿Cuál era su profesión? —preguntó Héctor.

—¡Tú sabes! ¡Era cazador!

—¿Cazador es profesión?

—Sí ¡lo era para él! —respondió Iván, un poco ofuscado.

—No sé si lo es cazador, pero ser domador seguro que es una profesión —comentó Carmen.

—Tengo una idea —anuncié—. Ha llegado un circo a la ciudad. Vayamos a entrevistar a algunas personas de allí. Puedo llevar mi grabador.

—¡Muy buena idea! Sería toda una novedad —exclamó Héctor.

—Es la mejor opción y lo podemos hacer el domingo. Así, en el feriado de la semana que viene podríamos acampar sin preocupaciones. Y… no estaría mal hacer una reunión en el campamento para analizar las entrevistas, ¿qué les parece? —sugirió Carmen, entusiasmada.

Delineamos los planes, conversamos con nuestros padres y todo fue arreglado. El domingo iríamos al circo y en la semana siguiente acamparíamos.

El domingo, buscamos al gerente del circo y le entregamos una carta del colegio para informarle el fin de nuestra visita. Él, sin hacer ningún esfuerzo para motivarnos, dijo:

—La vida de circo es dificilísima. Desde adentro no tiene la misma magia que desde afuera. Tal vez ustedes se van a decepcionar.

Decidimos presenciar primero el espectáculo y hablar después con los artistas. Nos divertimos mucho con el mago, los payasos y los perros amaestrados. Nuestra respiración paraba con las piruetas de los trapecistas y nos maravillamos con los logros de los malabaristas. Una corriente helada recorrió mi espalda cuando el domador colocó a los leones en fila, como dóciles gatitos.

—Iván, ¿por qué no vas a ayudar al domador? —dijo desafiante Héctor.

—¿Yo? ¡Bah! Esos leones son criaturitas inofensivas. Me gustaría ver a ese domador allá, en África.

Al finalizar el espectáculo, uno de los payasos nos ayudó a entrevistar al resto de la compañía.

—¡Vengan por aquí! —nos llamó, gritando.

Maribel se tapó la nariz con una mano cuando pasó cerca de los camellos.

—¡Qué olor insoportable!

Héctor quedó como hipnotizado por los elefantes que caminaban cerca de nosotros.

—¡Miren lo que son esas patas!

Ya cerca de la casa rodante de los malabaristas, los que serían nuestros primeros entrevistados, escuchamos una serie de terribles rugidos.

Inmediatamente miré a Iván para saber cómo reaccionaba. Él estaba paralizado y, nuevamente, como en un transe del que no podía salir.

—No se preocupen. Los leones siempre comen después de la función y ya le están avisando al domador que está atrasado —dijo el payaso, intentando tranquilizarnos.

—¿Seguro que al domador no le sería útil tu ayuda, Iván? —preguntó Héctor.

Iván sonrió y se dio vuelta lentamente.

—¿Crees que soy cuidador de circo? ¡Vamos, Héctor! ¡Déjame en paz!

Las entrevistas fueron excelentes. Los diferentes artistas nos narraron las vidas que llevaban, las ventajas y desventajas de sus profesiones, del salario, de las regiones del país y del mundo que habían conocido...

Abandonamos el circo alegres y con la satisfacción del deber cumplido. Yo tenía una causa personal para estar contento. Mi cabeza había creado un pequeño plan cuando escuché el rugido de los leones. Y el lugar perfecto para ponerlo en práctica era el campamento al que iríamos la semana próxima.

El viernes armamos las valijas y partimos hacia nuestro destino, poco después de terminar con las tareas escolares. Nuestros padres nos ayudaron a preparar el equipo que necesitábamos, haciendo las acostumbradas y esperadas recomendaciones de seguridad.

Durante el viaje Iván se durmió. Él no había conciliado el sueño la noche anterior, preocupado por lo que ocurriría

durante ese fin de semana. Aproveché la oportunidad para comunicarles mi plan a Héctor, Maribel y Carmen.

—Quiero jugarle una broma a Iván. Mientras estábamos en el circo, fingí ir al baño y grabé el rugido de los leones. Esta noche quiero poner la cinta para hacerle pensar que hay un león en el campamento. Simplemente quiero ver cómo va a reaccionar.

—¿Se lo creerá? —preguntó Maribel.

—Tal vez él se asuste. Siempre creí que toda esa valentía es un poco sospechosa —comentó Carmen.

—Hagámoslo. Hasta creo que sé una historia que producirá el clima justo para que el plan funcione —dijo Héctor.

En el campamento, las chicas armaron las carpas más rápido que nosotros. Tenían más experiencia en la vida de campo, eran *girl scouts*. Héctor y yo acampábamos por primera vez. Iván parecía muy torpe para alguien que decía haber viajado tanto. Pero, como siempre, se ponía a explicar:

—Hace mucho tiempo que no acampo. Además, cuando viajaba con mi abuelo, nunca era necesario que yo hiciera estas cosas.

—¿Para alguien que fue a África, no te da la impresión de que está muy preocupado con los insectos? Nunca vi una persona colocarse tanto repelente —dijo Héctor.

—¡Soy alérgico! —respondió Iván, molesto.

—¡Ah, sí! Esas historias tuyas... Me gustaría saber si te cruzaste con unos leones que vi en una película la semana pasada. Eran leones asesinos, muy inteligentes y escapaban de todas las trampas con las que se les hacía frente. Hasta devoraron a varios trabajadores durante la construcción de una línea de trenes a fines del siglo pasado. Entraban sigilosos en las tiendas, mataban a sus víctimas y se llevaban los huesos a su cubil —contó Héctor, con aire misterioso.

—¡Solo porque yo no estaba allí! —gritó Iván, enojado.

Terminamos de levantar las carpas, juntamos ramitas de árboles y encendimos una fogata para cocinar unas salchichas. Comimos perros calientes y tomamos leche chocolatada. Las chicas llevaron tarta de frutillas y latas de gaseosa. La cena fue todo un banquete.

Durante el resto de la noche, conversamos alrededor del fuego.

—¿Escucharon lo que decían las entrevistas? —preguntó Maribel—. ¿Se dieron cuenta de que todos hablaron sobre miedos y límites? El payaso ríe para hacer desaparecer la tristeza. La trapecista usa su arte para aprender a correr riesgos y superar la inseguridad.

—Es verdad —comentó Carmen—. Para los malabaristas equilibrar botellas es como equilibrar pensamientos. El mago comparó las cosas que aparecen en su galera con los talentos desconocidos que existen dentro de nosotros y que surgen cuando más los necesitamos.

Mientras conversábamos, Iván entró en su tienda para sacar de allí otra gaseosa. Usé la oportunidad para conectar el grabador a un amplificador pequeño que había llevado. Coloqué la cinta y apreté la tecla *play*.

El rugido se expandió de una manera impresionante. Lentamente Iván salió de la carpa, mudo y completamente pálido. Quedó petrificado exactamente como cuando el perro nos ladró, sin percibir lo inverosímil de la situación.

Fingimos preocupación, como si aquellos rugidos nos inquietaran, pero pronto nos detuvimos al notar que Iván no nos miraba. Realmente preocupado, paré el grabador.

—Iván, ¿estás bien? —pregunté.

Él iniciaba su recuperación, pero aún con la mirada extraña, como fuera de la realidad.

—¿Tienes miedo? ¿A dónde se escapó tu valentía? —inquirió Héctor, sarcástico.

Los ojos de Iván se inundaron de lágrimas.

—Déjalo tranquilo, Héctor —pidió Carmen—. Iván no se siente bien.

Iván lloraba sin consuelo. No tenía sentido contenerse.

—Es todo mentira —decía entre sollozos—. Soy un cobarde. Les tengo miedo a los insectos... a los perros... a las personas... a todo. ¡Nunca acompañé a mi abuelo a ningún lugar!

—Está bien, Iván. Hace un tiempo que no te creíamos mucho. Aunque… Pero ¿por qué inventaste todo eso?

—Porque no quería que descubrieran que soy un cobarde. El miedo me deja frío. Un día mi abuelo me aconsejó que fingiese ser valiente y… —En ese punto comenzó a contarnos el episodio que ocurrió con el perro, el día de la boda de su hermana.

Arrepentido, abracé a mi amigo y le dije:

—Iván, creo que no entendiste bien. Él no te decía que fingieras valentía, sino que confiaras en ti mismo. Si supieras que puedes ser nuestro amigo mostrando quién eres, no tendrías que mentirnos y hacerte pasar por alguien diferente al que eres.

Iván paró de llorar. Héctor se acercó:

—¡Qué cosa! Y yo que siempre te provocaba porque me sentía un cobarde ante tu valentía. Aún si las historias son falsas, sé que eres fuerte. Como el perro, yo ladraba...

Entonces, avergonzado, lloré. Todos me observaron sorprendidos.

—Quise desenmascararte, Iván. Tus cuentos siempre fueron un desafío para mí. Me llevaban a aventuras, a situaciones emocionantes. Te aseguro que muchas veces me imaginaba siendo parte de ellas.

—Bueno, las historias son verdaderas. Son las aventuras que vivió mi abuelo. Yo apenas aparentaba que era el protagonista de lo que él y su ayudante hicieron.

—Me dolió cómo te burlaste de mí cuando le tuve miedo a aquel perro el otro día. Pensé que si amenazaba tu valentía, yo parecería más valiente para mí mismo. Discúlpame, no te fui leal.

—¡Qué extraño! —dijo Iván—. Cuando contaba las historias y tú estabas presente, siempre me esforzaba más. ¡Tus redacciones son tan interesantes! Pensaba que si no contaba bien mi historia, notarías mi secreto.

—Bueno, muchachos, ¡no más tristeza! —gritó Carmen, animándonos—. ¡Comamos la torta de frutillas!

Volvimos a sentarnos alrededor del fuego. Hablamos poco, pero no estábamos tristes. La revelación de Iván nos había liberado a todos un poco. No había razón para tener miedo ni para preocuparse por los propios límites. Oficializamos nuestra imperfección y todos nos quedamos tranquilos.

—¿Sabes? Estoy pensando en aquel domador —dijo Iván—. Él dijo que su trabajo es muy fácil. Podría usar la fuerza para controlar los leones pero prefirió la amistad y por eso no siente peligro con los animales.

—¿Recuerdas como le acariciaba la melena al león? —preguntó Héctor.

—Sí, eso parece una de mis historias —rio Iván.

La noche terminó pacífica. Llenos de energía, volvimos a casa al día siguiente, como si hubiésemos revelado un gran misterio.

Iván, Carmen, Maribel y yo aún somos amigos. Iván transformó su pasión por los grandes animales en una carrera profesional. Ya no contaba más historias de imposibles hazañas y, lentamente, fue perdiendo su miedo a las personas, aunque todavía es alérgico a los insectos.

Estoy muy feliz por él, pero tengo un poco de nostalgia de "Iván, el Terrible". Al no contar él más sus historias, terminé creando mis propias aventuras. Pero como los milagros no existen y no soy ningún gran cazador, tengo mucho placer de ser solo un héroe del papel, un escritor.

GLOSARIO

abuelo: avô
acomodar: guardar/arrumar
ahuyentaste: afugentou —
 verbo *ahuyentar*
animaba: encorajava —
 verbo *animar*
arreglado: acertado —
 verbo *arreglar*
aún: todavia
aunque: ainda quando
baño: banheiro
botellas: garrafas
broma: peça (brincadeira)
burlase: zombasse — verbo *burlar*
carpa: barraca
cena: (subst.) jantar/ceia
cinta: fita cassete
cohete: foguete
cola: cauda
consuelo: consolo
cubil: covil
desarrollase: desenvolvesse —
 verbo *desarrollar*
desparramada: esparramada,
 espalhada
dio: deu — verbo *dar*
dudábamos: duvidávamos —
 verbo *dudar*
educación secundaria: ensino
 médio

eligió: escolheu — verbo *eligir*
empezó: começou — verbo
 empezar
ennegrecido: escurecido
enojado: aborrecido
envalentonó: encorajou — verbo
 envalentonarse
envidia: inveja
equipo: equipamento
espalda: costas
extrañé: senti saudades —
 verbo *extrañar*
festín: banquete
frutillas: morangos
galería: varanda
ganaba: ganhava — verbo *ganar*
gaseosa: refrigerante
girl scouts: bandeirantes/escoteiras
hamaca: rede
hazañas: façanhas
helada: gelada
hicieron: fizeram — verbo *hacer*
huesos: ossos
ladró: latiu — verbo *ladrar*
llamo: chamo — verbo *llamar*
llena: cheia — verbo *llenar*
llorar: chorar
lomo: lombo
melena: juba
merienda: lanche

miedoso: medroso
mientras: entretanto
miré: olhei — verbo *mirar*
nadie: ninguém
nevera: geladeira
niñez: infância
olvidaría: esqueceria — verbo *olvidar*
palitos chinos: jogo de varetas
película: filme
perro: cachorro
perro caliente: cachorro-quente
pirueta: cambalhota, pirueta, acrobacia
polvo: pó
quedarse: ficar — verbo *quedar*
reaccionar: reagir

secreto: segredo
siglo: século
sollozo: soluço
suciedad: sujeira
sujetando: prendendo — verbo *sujetar*
tarta: bolo
telgopor: isopor
temblar: tremer
temprano: cedo
tierna: terna
torpe: desengonçado
tuvo: teve — verbo *tener*
vacaciones: férias
valija: mala
vecindario: vizinhança
viernes: sexta-feira

ACTIVIDADES

1. Establece la correspondencia correcta entre las partes de las siguientes oraciones:

   a) Un amigo veterinario, especialista en leones,

   b) Su abuelo, también llamado Iván, era un

   c) Desde la más tierna niñez, Iván Valdés estaba

   d) La puerta se abrió y apareció un inmenso

   e) La mañana siguiente, en el ómnibus escolar,

   ( ) 1. renombrado cazador que participaba de safaris en África.

   ( ) 2. Iván contó su versión de los eventos del día anterior a nuestros amigos.

   ( ) 3. san bernardo que le pareció un león.

   ( ) 4. me hizo saber lo que es realmente el coraje.

   ( ) 5. fascinado por las vivencias de su abuelo.

2. Escribe el siguiente párrafo en Presente del Indicativo:

   Iván era mi mejor amigo. Estudiábamos juntos. Yo era de esos que no creían totalmente en sus hazañas, pero mi pasión por el heroísmo y el peligro me llevaba a estar lo más posible en su compañía. Aun desconfiando de aquellas aventuras, las grandes emociones que compartíamos sí lo eran.

3. Completa las siguientes oraciones con las palabras que correspondan:

ahuyentaste	creando	eligió
galerías	habitan	tenían
hamaca	hizo	ladraba
torta	podrían	monstruos

   a) Los _____ son los protagonistas de muchas obras de literatura infanto-juvenil.

   b) ¡Qué bien que _____ a esos bichos tan molestos!

c) Me agrada mucho tener una _____ en el jardín para descansar.

d) En la República de Brasil _____ alrededor de 165 millones de personas.

e) Mi madre preparó una riquísima _____ para mi cumpleaños.

f) Estamos _____ una nueva línea de productos para esta temporada.

g) ¿_____ bajar el nivel de la música? Por favor.

h) Aquel perro era muy molesto cuando _____ sin parar.

i) Las casas de campo antiguas _____ amplias y frescas _____.

j) Mi hermano _____ estudiar Letras y creo que _____ lo correcto.

4. Relata, en forma escrita, las reflexiones que despierta esta parte de la historia:

"Volvimos a sentarnos alrededor del fuego. Hablamos poco, pero no estábamos tristes. La revelación de Iván nos había liberado a todos un poco. No había razón para tener miedo ni para preocuparse por los propios límites. Oficializamos nuestra imperfección y todos nos quedamos tranquilos".

Compártelas con tu profesor(a) y tus compañeros.

5. Responde a las siguientes preguntas:
a) ¿Cómo está formada tu familia?
b) ¿Y la de tus compañeros?
c) ¿Qué diferencias y semejanzas encuentras con la familia de Julio?
d) ¿Cómo te comunicas con tus padres?

6. Investiga sobre cuál era el papel que tenía antiguamente la mujer en la familia y compara con el que tiene en la actualidad. La madre de Iván no acepta limpiar los pescados y recuerda a su esposo lo que habían combinado sobre esta tarea. ¿Qué piensas sobre su actitud?

© Delia María De Césaris y Telma Guimarães Castro Andrade, 2006

SANTILLANA ESPAÑOL

Dirección: *Paul Berry*
Gerencia editorial: *Sandra Possas*
Coordinación de revisión: *Estevam Vieira Lédo Jr.*
Coordinación gráfica: *André Monteiro, Maria de Lourdes Rodrigues*
Coordinación de producción industrial: *Wilson Aparecido Troque*
Proyecto editorial: *Daisy Pereira Daniel*
Edición: *Daisy Pereira Daniel, Mônica Franco Jacintho*
Colaboración: *Luis Enrique Urtubey De Césaris*
Corrección: *Eliana Bighetti Pinheiro*
Revisión lingüística: *Carolina Valeria León Leite*
Revisión: *Elaine Cristina del Nero*
Diseño gráfico: *Ricardo Van Steen Comunicações e Propaganda Ltda. / Oliver Fuchs*
           (Adaptado por Christiane Borin)
Dirección de arte: *Claudiner Corrêa Filho*
Ilustración: *Regisclei*
Cubierta: *Regisclei*
Maquetación: *Formato Comunicação Ltda.*
Preimpresión: *Hélio P. de Souza Filho, Marcio Hideyuki Kamoto*
Impresión: A.S. Pereira Gráfica e Editora EIRELI - Lote: 787194 - Código: 12046354
Redacción de actividades: *Delia María De Césaris*

Dados Internacionais de Catalogação na Publicação (CIP)
(Câmara Brasileira do Livro, SP, Brasil)

De Césaris, Delia María
    Iván, el terrible : nivel 1 / Delia María De Césaris, Telma Guimarães Castro Andrade. — 2. ed. — São Paulo : Moderna, 2005. — (Lecturas modernas)

    Inclui suplemento para o professor.

    1. Literatura infanto-juvenil em espanhol I. Andrade, Telma Guimarães Castro. II. Título. III. Série.

05-2577   CDD-028.5

Índices para catálogo sistemático:
1. Literatura juvenil em espanhol   028.5

ISBN 85-16-04635-4

Reprodução proibida. Art.184 do Código Penal e Lei 9.610 de 19 de fevereiro de 1998.

Reservados todos los derechos.

SANTILLANA ESPAÑOL
SANTILLANA EDUCAÇÃO LTDA.
Rua Padre Adelino, 758, 3º andar – Belenzinho
São Paulo – SP – Brasil – CEP 03303-904
www.santillanaespanol.com.br
2023

Impresso no Brasil

Quedan rigurosamente prohibidas, sin la autorización escrita de los titulares del «Copyright», bajo las sanciones establecidas en las leyes, la reproducción total o parcial de esta obra por cualquier medio o procedimiento, comprendidos la reprografía y el tratamiento informático, y la distribución de ejemplares de ella mediante alquiler o préstamo públicos.